AF226831

LA
DIME PRUSSIENNE

OU LA REVANCHE FRANÇAISE

A PROPOS DES TROIS MILLIARDS

Par le Comte de QUINSONAS

Un peuple n'a jamais que ce qu'il mérite

PARIS

E. DENTU, LIBRAIRE-ÉDITEUR

PALAIS-ROYAL, 17-19, GALERIE D'ORLÉANS

1872

LA

DIME PRUSSIENNE

OU LA REVANCHE FRANÇAISE

A PROPOS DES TROIS MILLIARDS

Par le Comte de QUINSONAS

Un peuple n'a jamais que ce qu'il mérite.

PARIS

E. DENTU, LIBRAIRE-ÉDITEUR

PALAIS-ROYAL, 17-19, GALERIE D'ORLÉANS

—

1872

LA

DIME PRUSSIENNE

OU LA REVANCHE FRANÇAISE

A PROPOS DES TROIS MILLIARDS

I

Oublieuse de son passé brillant, de ses nobles et chevaleresques traditions, reniant bien à tort dans un fol aveuglement jusqu'à ses religieuses et politiques croyances, la France *moderne* navrée au cœur malgré, en dépit, à la barbe des immortels principes de 89 qui, pourtant, devaient la transformer, que dis-je, la *transfigurer!*... la nouvelle France démocratique, avant eux, naguère encore glorieuse et puissante, si fière lorsque inattaquable elle était invulnérablement compacte, serrée, *unie* sous le sceptre paternel et tutélaire de ses rois aimés, sous sa blanche et redoutable bannière des lis; la France, après la *triple invasion,* qu'elle devra aux Corses, est vaincue hélas!

Elle en est donc réduite, après quatre-vingts ans de révolutions néfastes, d'utopies creuses, de vains mots, d'aventures ruineuses, de folies sanglantes et furieuses, réduite par la défaite et quelle défaite! réduite enfin par le PROGRÈS surtout, puisqu'il faut bien cependant le nommer, à la détresse, aux expédients financiers. Elle est aux abois par les lamentables réalités d'un cruel, d'un douloureux et fatal réveil. On s'aborde tristement pour se dire : grâce aux *barbares du dedans,* où allons-nous?

Hélas! nous nous en allons, est la lugubre réponse; mais comment payer ces Prussiens? et si nous ne pouvons les payer!... Qu'importe, répondent les prophètes de malheur, car, infailliblement, vous serez *mangés, dévorés, pétrolés* par les *communards* ou par l'*Internationale* : douce, agréable perspective, avenir charmant que nous réserve le progrès. Amer désillusionnement! sanglante leçon pourtant bien inutile, impuissante malgré les rigueurs d'un sort inconnu jusqu'ici dans nos annales glorieuses; impuissante, je le répète tristement, à dessiller, néanmoins, nos yeux appesantis par le *préjugé démocratique*, l'*orgueil révolutionnaire,* nous dominant, nous détruisant sans espoir. Fatal bandeau! rien ne pourra donc t'arracher? Quel triste aveuglement! étrange prodige de *haine* fébrile, insensée, d'incurable *envie,* d'inexplicable *jalousie* stupide, nous entraînant, on peut le dire, jusqu'à la folie du suicide.

La pauvre France, jadis universellement *enviée, jalousée,* succombera-t-elle, mordue au cœur, et comme par représailles sous les terribles morsures rabiques et les triples convulsions hydrophobes de *la haine,* de *la jalousie* et de *l'envie?* Tristes, cruelles, implacables furies qui lui font maudire tout ce qui fut l'origine de sa puissance, l'instrument de sa grandeur, les causes de ses vraies gloires : *la royauté, la religion de ses pères, sa vieille noblesse.* Ce beau pays, qui fut si longtemps un si noble et si puissant royaume, est maintenant tristement républicanisé et envahi, ravagé par l'ennemi, saccagé avec rage, rançonné outre mesure par les impitoyables barbares du dehors et toujours venant du Nord, comme à la chute de l'empire romain. Faut-il donc qu'il soit encore déchiré, déshonoré, ruiné, avili, en un mot *pétrolé* à l'intérieur par les démocratiques, les diaboliques fureurs de ses fils dégénérés, en délire, et faisant presque oublier malheureusement les incendies, les pillages, les ruines, les cruautés, tous les ravages enfin des Allemands. Ils croyaient ainsi, ces modernes Vandales, venger leurs vieilles défaites passées de Tolbiac et de

Bouvines, qui furent, ils en conviendront au moins, de légitimes victoires, celles-là, repoussant la barbarie de notre sol, si la bataille d'Iéna, disent-ils, fut une gloire inutile, stérile, et une injuste invasion chez eux. La vieille Gaule est enfin vaincue, humiliée par la Germanie toujours barbare. Elle compte six encore de ses pauvres départements occupés par les hordes rapaces, avides de butin, de sang et de pillage, tout comme au temps des lourds, des grossiers, des farouches Teutons barbares et féroces. Cependant la France, meurtrie cruellement par les horreurs d'une guerre atroce, guerre honteuse pour la soi-disant civilisation de ces vrais sauvages, mais *frottés d'école polytechnique,* eut néanmoins bien vite réparé ses malheurs et repris, oui repris son rang, recouvré toute sa puissance sans la guerre civile (bien plus atroce encore), et de fatales divisions, *la discorde* et *la démagogie,* la République!... nous condamnant par malheur et par la permission d'en-haut à boire jusqu'à la lie la coupe des humiliations. Fallait-il, grand Dieu! qu'elle fût coupable!

En 1814 et 1815, elle était bien plus épuisée et plus écrasée encore par de longues, d'inutiles, d'injustes guerres que nous payons cruellement maintenant. L'Europe entière, lasse d'être elle aussi la victime des furies révolutionnaires et injustement ravagée, s'unit tout entière pour nous imposer de dures contributions comme représailles; il fallut se saigner et payer. Mais du moins alors, grâce à la noble majesté, au royal prestige de la grande maison de Bourbon, cette France ingrate évita au moins le démembrement, la douleur, l'humiliation profonde qu'amenèrent de nouvelles révolutions et des folies nouvelles, mais que nous pleurons amèrement et trop tard. Grâce à ces Bourbons exécrés, et pourtant qui avaient fait la vieille France, tout comme ils la sauvèrent après les folies du premier Empire, le morcellement put être évité et cependant la Révolution, notre mauvais génie, se complut à les haïr, à les calomnier. N'était-ce pas la *dynastie de l'étranger!* ne rentraient-ils pas dans *les caissons, les fourgons des alliés!* O!

incommensurable bêtise humaine, aveugle, éternelle, sans remède, tu seras donc toujours sans limites, et l'expérience ne
te servira jamais !

Malgré la haine idiote, les calomnies surannées et bêtes,
malgré *les jésuites, la dîme, la féodalité, le droit de cuissage et
la congrégation !...* la royauté put bon gré mal gré, cependant,
réparer les malheurs affreux de la sanglante orgie révolutionnaire et impériale également ruineuse.

Grâce à l'heureux retour de la monarchie, seule vraiment
nationale, le crédit se rétablit promptement par la confiance
qu'inspirait un gouvernement légitime, mais *surtout honnête
et ne volant pas.* On paya tout, on répara tout, sauf *la sottise !* et
sans l'aberration, à jamais regrettable et coupable de 1830, nous
serions encore en tête du monde comme puissance, industrie,
prospérité, science, honneur, hélas ! et cent fois hélas ! A qui la
faute ? Mais l'*ogre de Corse*, comme en ce temps là l'appelaient
les pauvres mères et les veuves désolées, fut subitement trans-
formé en divin et doux *symbole de toutes les libertés !* et cet
infâme Charles X, en *tyran* sanguinaire, disant la messe. Ce
monstre altéré de sang ! ayant voulu porter sa main liberticide,
par les ordonnances sur *la Charte*, qui était une vérité. Le
poignard de Louvel est plus qu'une honte, plus qu'un crime,
il travaillait pour la révolution qui marche toujours et nous
coûte cher. Et nous pourrions actuellement nous regarder sans
rire. Ah ! pleurons, oui pleurons plutôt... frappons-nous la
poitrine, car présentement que méritons-nous, et qu'arrive-
t-il ? L'Europe, grâce à nos *glorieuses journées*, à nos *glorieuses
insurrections* (le plus saint des devoirs), que la *colonne de Juillet* élevée par M. Thiers, personnifie, glorifie, comme du reste
ses livres excusent, justifient, glorifient la RÉVOLUTION,
dont il est la personnification, l'enfant gâté, l'historien ; l'Europe s'est repentie à la longue de sa générosité pour un peuple
incorrigible, qu'elle regarde comme inguérissable. L'Europe
a fini par regretter d'avoir pardonné nos dangereuses extrava-
gances, uniquement en considération de la famille **auguste** de

nos rois. Et malgré les rêves creux, n'en déplaise à toutes les rengaînes démocratiques et humanitaires, où sont à l'heure du danger nos frères les Italiens par exemple, eux qui nous reprochent en vrais parvenus d'avoir versé notre sang pour des ingrats ? Ils réclament dit-on Nice et la Savoie.

Quels sont nos alliés? où était notre fidèle amie de Crimée, l'égoïste Angleterre du beau temps de Pritchard, et des traités de commerce ruineux pour notre industrie? Qu'a fait pour nous, malgré les espérances niaises, la grande République sœur d'Amérique? rien, sinon de nous vendre à beaux deniers des fusils qui ne partaient pas, mais que payaient cher les proconsuls intègres autant qu'intelligents du gambettisme. Nous sommes restés seuls, isolés, en face d'un ennemi exaspéré par la folie du second empire lui déclarant une *guerre inqualifiable!* (malgré les rapports Stoffel) (1), à lui ennemi rancuneux et non sans causes malheureusement, se préparant depuis plus de soixante ans, au su et connu de tout le monde, à nous rendre la pareille. Aussi il a réussi. Bien loin de nous aider maintenant, de nous tendre la perche *Bourbonnienne* qui seule, peut-être encore, pourrait par un dernier replâtrage monarchique (et bien tardif) nous sauver du gouffre révolutionnaire où nous nous entredévorerons, la Prusse, dans sa haine profonde et sa jalousie enragée, ayant mauvaise conscience, favorisa les insurrections criminelles pendant le siége, fomenta le désordre, paralysant

(1) Les partisans de l'empire ont encore l'audace de prétendre que l'Empereur devenu *constitutionnel* a été forcé, *poussé* malgré lui à cette guerre insensée et que les *misérables manifestations payées* pour hurler la *Marseillaise* dans la rue et les cris : *à Berlin!* représentaient l'opinion. Certes! le pays n'était pas représenté par les *ventrus* des candidatures officielles, mais, au contraire, il pliait sous le *pouvoir personnel* qui l'a pourri et perdu. Il ne voulait pas plus de la guerre d'Allemagne qu'il n'a voulu la guerre d'Italie; et si le héros de Sedan n'eut pas voulu la guerre qui lui semblait l'unique moyen de détourner l'attention, d'étouffer le sentiment de dégoût et de lassitude de *ses corruptions,* le duc de Grammont n'avait qu'à lire à la tribune ou à publier ce rapport Stoffel.

la défense et pactisa ouvertement avec les hideux communards qui, par Saint-Denis et les lignes prussiennes, purent tranquillement se ravitailler à leur aise, se sauver emportant à l'étranger la caisse et le produit des réquisitions communardes.

La Prusse, à qui tous les moyens sont bons contre nous, escomptant à coup sûr nos fureurs insensées, nos discordes impardonnables, empêchera autant que possible toute reconstitution et surtout, avant tout, la FUSION, qui seule pourrait encore sauver la France.

La Belgique n'oubliera jamais les *dépêches Benedetti!*... et seule la Suisse fut admirable et fraternelle pour nos pauvres prisonniers ; ne l'oublions pas.

Nous n'avons donc *pas un allié au monde!* Dure vérité, résultat de notre folle conduite. Nous n'avons de secours à attendre de personne, si ce n'est de Dieu, qui pourrait encore nous pardonner nos fautes, mais bien loin de nous repentir comme Ninive, à la voix du prophète, — moins puissante que celle de nos épouvantables calamités, — loin de nous humilier devant le souverain maître irrité, la révolution écumante, rugit, blasphème, menace le ciel et redouble d'imprécations dans sa rage infernale. Non, rien ne peut ouvrir nos yeux ; nous serons mangés, nous nous mangerons nous-mêmes, ce qui est bien pire.

Dans cet *isolement,* le comble de l'humiliation, nous devrions comme la Russie, humiliée par nous à Sébastopol (et qui s'en souviendra), au moins nous *recueillir!* bander nos plaies, sonder et panser nos profondes blessures que l'union, la concorde, pourraient encore cicatriser. Mais bien loin de s'unir, de chercher le salut, de *fusionner* tous les cœurs, toutes les forces vives, tous les dévouements, les ressources vitales, en un mot tous les éléments de résurrection, la France plus que jamais affolée de haines injustes, d'absurdes et sots préjugés, semble uniquement préoccupée de railler le drapeau blanc, de s'ouvrir la veine, par les coupables déchirements de ses aveugles enfants. Ils sont doublement criminels, doublement parricides, ô honte! ces barbares du dedans, ceux qu'on appelle les *rouges !* de poursuivre leurs conjurations sataniques en face de l'ennemi souriant de pitié, de joie féroce, après la victoire d'insatiables étrangers dont ils furent les souteneurs immondes et les tristes alliés. Sans la Révolution, non jamais Dieu n'eut donné à la Prusse le pouvoir de nous frapper. Mais le temps marche et malgré nos effrayantes contributions de guerre et les pillages sans nom, et les meurtres et les incendies, malgré le colossal à-compte déjà péniblement payé, ayant suffit pour épuiser notre or, faire émigrer notre numéraire, il faut payer, toujours payer, payer encore, car il tend sa main avide, le très glorieux empereur Tudesque de ces lourds Germains.

Ah ! peuple Frrrrrrançais, te disant modestement le premier, le plus spirituel peuple de l'univers, depuis que ta grrrrande, ton immortelle Révolution te régénéra magnifiquement, te nivela égalitairement, si bien que tous veulent être égaux et *décorés,* tu es quoique *régénéré* courbé bel et bien sous la serre cruelle, impitoyable de l'aigle noir de Prusse, sinistre oiseau de proie, sans cœur et sans pitié pour ta régénération, et il faut payer ; nos traîtres et nos fautes coûtent cher. Qu'en dis-tu ?

Vas, maintenant, demande aux *immortels principes* de venir surexciter le patriotisme d'un peuple ruiné et faisant le *troisième !!!* loyal mais heureux essai, vraiment, de la République pour s'arracher le pain de la bouche et payer plus de *trois milliards,* qu'il nous faut pourtant, coûte que coûte, donner encore, si nous voulons dégager nos départements qui gémissent sous l'oppression des uhlans, nos doux vainqueurs.

Il faut cependant reconnaître que, régénérés ou abâtardis, nous sommes toujours écrasés sous le talon et le sabre qui insolemment levés sur nos têtes, menacent en cas de non payement d'une fabuleuse rançon de recommencer la reprise des hostilités, et quelles hostilités ? Pauvre peuple égaré, trompé, perverti, tu peux maintenant avouer, reconnaître que voilà bien ton propre ouvrage. Le Progrès t'a bien mené ?

Console-toi en te disant : tu l'as voulu, Georges Dandin, c'est le moment de l'expiation, il faut mourir, finir ou renaître.

Qui t'a fait dévoyer, quitter la trace lumineuse du patriotisme vrai, où tu marchas d'un pas sûr depuis l'aurore de la monarchie? Hier encore, oubliant *la défense du faible, de la justice, du droit,* qui donc laissa impunément égorger les gouvernements légitimes, aussi bien du Danemark, petite mais vaillante nation amie, que ceux de Naples, de Parme, et le saint Pontife de Rome? La Révolution qui nous fascine.

Après avoir laissé égoïstement écraser les Danois par le dur mais habile ministre des ambitions germaniques aussi brutales qu'injustes, qui laissa machiavéliquement et sans l'ombre aussi d'un prétexte écraser à Sadowa la catholique Autriche, également aussi notre alliée tant que nous serons, au moins de nom, sinon de fait, puissance catholique! toujours la Révolution implacable, et le *Césarisme,* la pire de toutes.

Aussi les gloires impolitiques de Solferino et de Magenta devaient aboutir à Sedan, à Metz, Paris, le Mans, Héricourt, etc., etc. Épouvantables désastres auxquels, malgré Waterloo, nous avons peine à nous faire, étiez-vous une punition du ciel? Mais nos libres penseurs, les esprits forts, toujours ingénieux à méconnaître le doigt de Dieu, peuvent croire aux *tables tournantes,* aux *médiums,* au *génie de la Révolution,* à la frrrrraternité des peuples; mais s'abaisser à voir dans nos incroyables revers l'ingérence d'un être supérieur à la raison, à trouver une corrélation, pourtant bien évidente, entre l'affaissement matériel et moral de la France nouvelle et régénérée, la France de 89 et les fautes qui les amenèrent; entre nos défaites inouïes et l'abandon perfide à la Révolution italienne du glorieux Pie IX! Allons donc! et pour qui les prenez-vous, ces hommes forts, mais étonnés cependant de voir s'accomplir de point en point les calamités que redoutaient, en les prédisant facilement, ces cléricaux abhorrés. Lorsque nous étions le royaume très chrétien, la fille aînée de l'Église, la Providence se servait de nous; mais actuellement où sont les *gesta Dei per Francos?*

A l'exemple fort inutile du premier empire, le second,

aussi longtemps triomphant et victorieux, vainquit la Russie (on la croyait pourtant notre alliée naturelle), l'Autriche (elle était aristocratique et trop cléricale), la Chine, la Cochinchine pour échouer au Mexique, comme son aîné en Espagne. Mais après avoir hébergé, en les comptant presque tous, et hébergés *impérialement* encore lors des féeriques splendeurs de l'Exposition de 1867, les souverains, même Guillaume (et quels ingrats !), était-il, ce second empire, le véritable *colosse aux pieds d'argile* pour, masse inerte, tomber si vite, malgré ou à cause *des candidatures officielles,* mais trompeuses, fausses, factices tomber aux pieds de qui, Seigneur ? et quelle chute... des hommes du 4 septembre pour comble d'avanie, quel châtiment ! L'empire était la paix et dire que plus d'un le regrette, qu'on nous y ramènera peut-être encore !

Vanitas vanitatum, et omnia vanitas, en voici bien la preuve écrasante. César, en battant les Autrichiens (que nous aimions mieux pourtant que les Prussiens), César, en les chassant de la Lombardie et de Venise *pour une idée,* n'eut pas là une idée heureuse, mais il marchait sous la menace des bombes Orsini et du carbonarisme italien avec lequel il conspira toujours. Il obéissait aux tendances démagogiques sur lesquelles il se croyait bien assis. Il croyait ensuite pouvoir tranquillement *utiliser* la Prusse protestante pour conquérir injustement la Belgique et les frontières du Rhin comme l'oncle ! Quel aveuglement, et comme il fut dupé, joué, mystifié cruellement par son rusé compère tout aussi moral, tout aussi honnête mais plus fort ! Quelle punition !.....

II

Jadis au bon vieux temps suivant les encroutés, mais sous la *tyrannie* au dire des lumineux enfants du progrès, au temps de notre incontestable grandeur (avouons-le, momentanément éclipsée), loin, bien loin des tristesses présentes et des incertitudes navrantes, des dangers menaçants ; à cette époque dis-je, après tout glorieuse et que dans notre ingratitude nous taxons spirituellement de barbarie, d'obscurantisme, de l'ancien régime abhorré et maudit (quel contraste pourtant!) il ne se tirait pas alors un coup de canon vraiment sur terre et sur mer sans notre permission ou intervention. Que les temps sont changés, ils ne sont plus ces jours de puissance. Comment en un plomb vil l'or pur s'est-il changé? Par le Progrès!

La Prusse pourtant une parvenue elle, et qui a rapidement progressé, sans révolutions il est vrai, sous une *dynastie* nationale s'appuyant sur le bon sens et une *noblesse militaire* forte, intelligente et patriote ; la Prusse éminemment monarchique, mais qui a l'esprit de garder longtemps ses ministres, de laisser les avocats à leurs procès et qui utilise ses *hobereaux* loin de les traîner dans les fanges d'absurdes et sottes calomnies bêtes, a pu nous mitrailler à outrance, royalement, de main de maître, en dépit de notre *Progrès.* C'est triste, mais c'est ainsi.

L'Europe ayant l'instinct de la conservation (ce qui nous manque totalement), au fond du cœur, ravie de notre abaissement, enchantée de cette humiliation complète, de nous voir nous déchirer nous-mêmes, laissa faire pour notre pénitence (malgré les réclamations de M. Thiers), loin de s'opposer à la correction. Alors le successeur des pauvres petits margraves de Brandebourg put tout à son aise canonner, piller, rançonner sans merci la pauvre France si déchue de son ancienne gloire, réduite à servir de terrible leçon à tous les peuples depuis 89.

Et cette leçon inutile nous coûte plus de dix milliards, cent mille morts, combien de blessés ? et la perte de deux belles provinces. Oh ! les Napoléon ! rentreront peut-être encore.

Nous récoltons péniblement, tristement ce que nos pères de 89 ont semé, et nous aussi, fils de Voltaire, enfants de 1830, de 1848, du 2 décembre, etc. Nous inspirons peut-être encore une certaine platonique commisération dédaigneuse pour notre perpétuelle démence ; mais le sentiment qui domine pour nous, c'est la crainte raisonnée, instinctive de la contagion révolutionnaire.

Ignorante, insouciante et complétement inintelligente du passé, de son histoire vraie, la France démocratique, aveugle, ne sait plus que décrier, dénigrer, calomnier, démolir et détruire pour mieux tout *niveler*. Profondément égoïste, superficielle et futile, sans nulles autres traditions que des instincts irréligieux, égalitaires, essentiellement *jaloux,* elle n'est gouvernée ou plutôt entraînée que par des entraînements foncièrement révolutionnaires, par les menées étroites, bourgeoises, mesquines, haineuses des sociétés secrètes, des ténébreuses affiliations occultes, essentiellement mauvaises, démagogiques et impies. Tout est sacrifié *à l'idée,* ce qu'on appelle devant les niais *nos impérissables conquêtes.* Conquêtes sur qui ? conquêtes de quoi ? le suicide final.

Eh quoi ! notre société moderne, anti-chrétienne, retournant au paganisme par le sensualisme et le culte de la matière, beaucoup trop surfaite, injustement vantée, prônée, laissa stupidement s'organiser à nos portes mêmes, s'enrégimenter et discipliner sous une main de fer les masses écrasantes et dociles d'un peuple de caporaux embrigadés !

Vraiment cette incurie du monde nouveau ferait regretter l'ancien, n'a pas d'excuses étant volontairement perpétrée, avec préméditation et circonstance aggravante, témoin l'inconcevable circulaire Lavalette, — un grand ministre — après la grande, l'irréparable faute de Sadowa. Quelle aberration sous le beau, le spécieux prétexte *des nationalités,* une idée, une chimère nouvelle. Ce mot superbe nous coûte cher en Italie, au-delà du Rhin. Vraiment, les bras en tombent de douleur et d'indignation. Expions-nous assez durement et cruellement toute l'ineptie, l'incapacité, l'incurie et l'ignorance révolutionnaire, ces lamentables calamités si pitoyablement délétères et destructives. Elles sont venues sous le drapeau tricolore des trois Républiques également funestes, du modeste coq gaulois de

Juillet, comme des abeilles et de l'aigle carnassier des deux glorieux empires ; elles sont venues au nom de l'humanité progressante, au nom de la liberté (c'est trop fort aussi !) enfanter *l'ère nouvelle* à l'aide des subtilités niaises, des fausses théories creuses d'imposteurs ambitieux, proclamer dans un sentimental galimatias dont les masses ignorantes se grisent, la grande régénération de l'homme émancipé par la raison. Les droits de l'homme devaient donner avec l'âge d'or, la félicité sans nuages, le bonheur sans mélange et autres billevesées dont nous sommes fiers et dignes. Cette ère nouvelle d'envie, d'anarchie et d'orgueil insensé peut se résumer par : l'abolition des droits de Dieu qu'il n'est pourtant pas aussi facile d'exproprier pour cause de progrès, et de supprimer, que l'imaginaient ceux qui crurent être de taille à *écraser l'infâme !*

Peut-on nier que la société moderne, le monde nouveau, comme les idées nouvelles, en un mot que la prétendue civilisation de l'avenir n'ont encore *pu rien édifier*, absolument rien, que nous sachions, si ce n'est le désordre, mais par contre *tout détruire* et surtout nous diviser profondément. La seule déduction apparente de ces belles théories qui ne sont pas neuves, car l'orgueil est aussi vieux que le monde, le pire résultat de notre soi-disant régénération fut de briser la chaîne de nos tendances, d'interrompre la politique séculaire, traditionnelle, pratique et si française à laquelle nous devons notre existence comme nation et notre histoire. Cette sage et patiente politique [de nos rois continuant à chaque règne l'œuvre du prédécesseur, œuvre *d'unité* quoi qu'on puisse dire, ayant lentement constitué la vraie France royale en soudant peu à peu, une à une chaque belle province, qu'avons-nous gagné à nous en écarter, à nous en départir, à la renier ? La Révolution qui sera toujours corrosive, dissolvante et destructive nous mine et nous dévore, nous *disloque* matériellement, car l'Alsace et la Lorraine démembrées, désolées !... en savent quelque chose, mais bien plus encore moralement par le désordre dans les idées, les divisions profondes bien éloignées (par les fureurs qu'elle inspire) de la béate fraternité universelle qui ne semble pas trop s'annoncer prochaine entre nous et nos bons frères les Prussiens. L'*idée* révolutionnaire enflammant les esprits trompés, leurrés, abusés put, il est vrai, au milieu du chaos momentanément nous donner des lueurs de gloire inutiles, passagères, stériles au fond, mais en somme, que nous cùuta-t-elle ? Son bilan est clair, facile à établir. La désorganisation, la *décadence*.

Elle nous donna l'anarchie matérielle, complète au dedans, le désordre, la démoralisation chronique tout en nous promettant monts et merveilles ; en réalité, de navrantes déceptions tardives, beaucoup trop de ruines et trop de sang, hélas! le désordre dans les têtes, *l'insurrection* permanente contre Dieu et les hommes passée dans nos mœurs, l'impossibilité d'obéir, d'être gouvernés, mais la fièvre du renversement perpétuel. Tout le monde voulant au fond, titres, distinctions, honneurs, *places, argent, pouvoir, cordons, galons* et *décorations* surtout (malgré l'*égalité*) ne rêve alors que changements perpétuels et ruineux de gouvernement pour arriver, parvenir rapidement, cela va sans dire, car sous le vain prétexte d'*opinions généreuses* et bien désintéressées, certes! se cache trop fréquemment l'égoïsme le plus complet. Le budget qui s'accroît démesurément est une si douce pâture! une douce manne, sur laquelle chacun brûle de mettre la dent. On veut parvenir, mais parvenir vite pour jouir de même, et voilà pourquoi la patience manque pour arriver à la longue illustration de sa famille, à une fortune bien acquise comme aux emplois mérités. M. Un tel serait-il jamais arrivé au ministère, M. Chose à son ambassade? sans les bouleversements qui, malheureusement pour nous, les mirent au pinacle. Ote-toi de là que je m'y mette, chacun à son tour et périsse la chose publique (*res publica!*). Périsse tout, plutôt que la République des ambitions ruineuses, des intrigants et des escrocs politiques incapables mais déhontés.

Qu'importe à ces gens-là que nous en soyons où nous en sommes, eux qui, généralement, n'ont rien à perdre, trouvent tout superbe et sont enchantés des événements, ravis de leur sort. Sans la République ils ne seraient point *arrivés,* sortis de l'ornière. Puisqu'ils prospèrent et florissent, tout est dit.

Mon Dieu, me dira-t-on, il est pourtant bien ennuyeux de toujours végéter sa vie durant à porter, traîner dans un trou de province des chapeaux tyroliens à forme pointue (dite républicaine) ou des gilets à la Robespierre, sans jamais humer d'autres fumées que celle des estaminets. Celles de la gloire, des appétits, des intérêts font rêver des splendeurs de la tribune, des honneurs de la députation comme premier marche-pied menant aux préfectures et autres douceurs. Pour y parvenir, c'est sur les moutons de Panurge qu'il faut opérer en grand par les roueries du suffrage universel ; longtemps déblatérer, réempoigner les appeaux les plus grossiers, les plus vieilles ficelles des vieux trucs, de *la dîme* par exemple ou de *la féodalité* toujours nouvelle pour électriser l'indignation de quelques meneurs de l'arrondissement. Ils s'y laissent toujours prendre, sachant prendre à leur tour le peuple par ses travers, flatter ses vices, ses passions, exploiter ses jalousies, calomnier passablement, faire l'article pour un habile qui se cache le plus souvent et chauffer à blanc la démocratie intelligente du crû, en promettant invariablement plus de beurre que de pain. On enlève ainsi lestement un *scrutin de liste* avec le mandat impératif qui nous donne, le tour étant joué, de bien grands hommes, en vérité, pour nous représenter et représenter eux, la République et la démocratie triomphantes, mais sur quels tristes soubassements ?

Peut-on nier que les incapacités du 4 septembre se soient scandaleusement *ruées,* c'est bien l'expression, sur tout ce qu'elles ont pu envahir sans la moindre honte.

Depuis que l'exploitation de l'homme par l'homme est à jamais abolie, depuis que tout citoyen peut parvenir à tout, combien en voyons-nous percer de grands hommes ? On dit le siècle de Léon X. On a encore ce reste de sot préjugé de nommer le siècle de Louis XIV *le grand siècle !* et l'on dit aussi, par la même raison : les *grands hommes* du siècle de Louis XIV.

Si ce fut un grand roi, malheureusement, comme la perfection n'est pas de ce monde, il ne fut pas la *perfection* et son pouvoir *trop personnel* prépara une triste réaction : mais fit de grandes choses et il en resta quelque chose au moins. Maintenant, à part le grand Napoléon, dont la miséricorde divine ne voulut pas (malheureusement) nous faire grâce, l'espèce humaine ayant mérité un cruel fléau paraît-il, un despote dur et sanguinaire qui fit tuer les gens *par millions,* et ne nous laissa que des désastres ; peut-on dire sérieusement : *les grands hommes de la révolution,* ceux de *juillet* ou du 2 décembre ! *Robespierre* est jugé, Lafayette, le héros des deux mondes est suffisamment démodé. Le grand homme, l'homme de bronze est lui-même plus que déboulonné ; mis à nu, grâce à la publication maladroite de sa correspondance et cependant bien *expurgée* encore ; grâce aux travaux surtout de M. Lanfray et d'autres républicains honnêtes, honteux de voir le César égoïste, le tyran brutal et cynique par excellence trop longtemps aussi travesti en *fétiche* menteur du libéralisme hypocrite.

Alors, que reste-t-il ? M. Thiers ! mais il n'a pas dit *son dernier mot* et nous ne pouvons le classer encore dans le *Panthéon révolutionnaire* et *bourgeois. Lafitte,* la baronne de *Feuchères, Dupin Salvator,* qui prêta tant de serments, *Cunin Gridaine, Persil, Deutz,* et M. *Guizot,* qui radote au point d'écrire l'histoire de Monk, un noble, un beau modèle à imiter. Nous avons bien présentement la dynastie des *Arago, Blanqui, Raspail* et l'ex-comte de Rochefort-Luçais, puis le grand poète Olympien *Victor Hugo,* qui chanta le berceau d'Henri Dieudonné et qui chanterait encore Henri V s'il lui rendait son *manteau de pair de France.* Nous pleurons *Morny,* le *roi Jérome, Billault* et le *duc de Persigny* au moins mort fidèle à son maître. Si Napoléon IV doit régner, ce qui pourrait bien encore nous pendre à l'oreille, nous être réservé comme *complément,* il pourra voir plus d'un communard à sa cour, les régicides, les conventionnels brillaient bien chez son grand oncle !

Reconnaissons, avouons que nous sommes riches en ambitieux, remuants et incapables, mais très pauvres en célébrités, en grands et nobles caractères ; car le *niveau égalitaire* déteint fortement sur nous et ne donne pas précisément tout ce qu'on en espérait.

Qui se ressemble s'assemble, dit le proverbe, et notre époque aura, par ses médiocrités, peine à s'appeler *la grande époque.*

Le dada du moment, la rengaine présente, le plat du jour par excellence, c'est *l'instruction obligatoire!* Mais l'instruction manque-t-elle aux meneurs qui nous mirent où nous sommes? Oui, sans doute, et qu'eux les premiers retournent à l'école, car ils ignorent essentiellement les premiers éléments de la véritable science historique, la connaissance de ce passé qu'ils insultent, qu'ils dénaturent. Ils ne savent pas même que *la dime,* bien loin d'être toujours le dixième, n'était souvent que le *trente-sixième* comme *impôt!* dont nous serions bien heureux de ne pas être ÉCRASÉS à l'heure présente.

M. Henri Martin, M. Michelet et compagnie, ont-ils répondu aux critiques sanglantes les prenant à chaque page *la main dans le sac* des inexactitudes impardonnables, de la calomnie systématique, de la mauvaise foi anti-française qui empestent leurs livres, condamnés à tomber un jour par celà même à l'état de *rossignols.* Nous les verrons au rabais lorsque sera passé l'engouement de l'esprit de parti, tout comme les volumes si rarement ouverts maintenant de Rousseau, de Voltaire, de l'Encyclopédie, allant au poids chez l'épicier, tandis que sous cette pauvre Restauration économe et si honnète, ces lourds engins servaient de catapultes et d'enseigne à la mode aux lecteurs du *Constitutionnel* ou du *National,* qui vit débuter M. Thiers (1), dont les œuvres inexactes, passionnées et injustes aussi, pas-

(1) Il y écrivait en 1829 : « Nous fondons un journal pour la monarchie, mais contre la dynastie! » On peut lire dans les premiers numéros : « Acculés aux extrêmes limites de la Charte, s'ils y restent, ils y *étoufferont,* et s'ils en sortent, *nous les tuerons.....* » C'était prévoir le parti qu'on pouvait tirer de l'article 14, lequel était un piége. Et dire qu'après avoir si bien servi alors le père, il ne voulait pas même laisser rentrer les fils à la Chambre! Quels contrastes présentera notre triste histoire!

seront, car tout passe, tout casse et tout lasse. Ah ! l'instruction véritable à donner au peuple serait de pouvoir lui apprendre *à ne pas se laisser duper éternellement* par les aigrefins qui le grugent et lui font tirer les marrons du feu, prendre des vessies pour des lanternes ; à distinguer ses amis de ses rusés exploiteurs. Le jour où, éclairé par les malheurs qu'ils lui procurent (à chaque révolution intéressée)le vrai peuple se dirait : telle et telle candidature *libérale, républicaine, socialiste,* et autres de la même farine, ne rapportent jamais que plaies et bosses, tandis que nous constituons, par le fait même de ces perpétuelles candidatures, une véritable féodalité républicaine, communarde, etc., féodalité nouvelle d'une flagrante incapacité, ne sachant que rabâcher les mêmes lieux communs, rugir lorsqu'on met le doigt sur la plaie de son impuissance. Ce jour-là un grand, un immense progrès véritable, nous sauverait de l'avenir effrayant qui nous paraît inévitable : la *décadence.*

Mais que deviendraient alors tous ces vertueux et rigides, incorruptibles grands *citoyens* qui ne vivent absolument que par l'*idée* pour la *défense du peuple,* en de bonnes mains, il faut l'avouer. Ils rentreraient sous terre, seraient bafoués et conspués et ceci ne ferait pas leur compte, mais ils dorment bien tranquilles, car ils connaissent la bêtise de leurs *vassaux,* leurs véritables esclaves, n'ayant après tout que ce qu'ils valent et méritent.

Qui se ressemble s'assemble, disions-nous tout à l'heure, et peut-être les dupes, les gens trompés sont-ils bien moins nombreux qu'on ne serait tenté de le croire.

Les électeurs de Paris, dit-on, savent parfaitement ce qu'ils font, ils sont infectés du *virus* et votent *rouge* en parfaite connaissance de cause, uniquement pour protester contre le *droit divin,* en haine des *Bourbons,* des *nobles* et de la *prétraille,* voilà leur vrai mobile et aucun malheur n'a pu encore les ramener même à l'instinct du danger qui les menace. Il serait donc oiseux de s'apitoyer et de les plaindre. Il en est de même en province.

Le bourgeois jaloux, épicurien, voltairien et ignorant, ne voulant rien au-dessus de sa *médiocratie* vaniteuse ; le bourgeois spirituel dans sa haine orgueilleuse et incrédule, dont *Vermersch* et les fortes plumes de l'Internationale s'obstinent cependant à promettre le pillage à leurs sauvages (que nous avons déjà vus à l'œuvre), en demandant chaque jour non-seulement la tête creuse et sans cervelle, mais les bourses et les caisses pleines ; ce bon Prudhomme malgré les *timides* essais de la Commune ne veut pas, ne peut pas croire encore que maintenant ce soit *à son tour*. Il ne veut pas même admettre que ses leçons, ses discours, ses bons journaux, ses calomnies contre les jésuites, son exemple enfin puissent finir par enfanter une perversité incommode et gênante qui troublerait gravement sa digestion ou ses plaisirs, car il est sensuel et aime à bien vivre. C'est plus que le Bourgeois, c'est le *capital* qui actuellement est en cause.

Le haut commerce, le banquier, l'industriel, comme le simple boutiquier, etc., sont faits, crés et mis au monde pour : donner des leçons au pouvoir, murmurer sans cesse, se gaudir et se pâmer de rire à propos du *Drapeau blanc* et des idées religieuses, du *syllabus*, des préjugés de l'autre monde ; *protester* en un mot. Mais la vile multitude docile et bien dressée par eux à secouer les préjugés ne doit pas trop s'émanciper, surtout ne jamais piller, ah ! diable, halte-là ; et on croit pouvoir lui dire comme Dieu aux flots de la mer : tu n'iras pas plus loin ! Brutes... Malheureusement il n'y a plus d'enfants depuis le progrès. Les nobles *rari nantes* n'existent plus pour ainsi dire, nous sommes tous bourgeois très *pillables, fusillables* et *pétrolables* à merci sans composition. Les bras nus du *prolétariat* exaspéré par le venin qu'on lui administre perfidement depuis 80 ans à forte et haute dose, ne croient plus à rien ni à Dieu, ni au diable ne croient plus au Bourgeois, les montant contre *Dieu, Bourbons, prêtres* et tous ceux qui l'offusquaient, e gênaient, qu'il a voulu remplacer, dépasser, à son tour *mener la barque* et manger enfin du pouvoir. Aussi, comme il a bien gouverné ce navire désemparé. L'heure est venu de voir toute l'étendue du péril, la violence de cette infernale tempête longuement amenée, préparée, déchaînée à plaisir, après avoir jeté par-dessus bord *gouvernail, ancre* et *boussole*.

Que leur importe disent-ils devant cette réalité désolante : tout croule c'est vrai, mais au moins nous avons *l'égalité*, nous n'avons plus de maîtres, plus de classes supérieures qui nous éclabousse et, si nous devons être ruinés, pétrolés, eh bien nous le serons tous ensemble. Ils sont dans l'impénitence finale et s'il fallait recommencer, ils recommenceraient encore cent cent fois et d'un cœur léger eux aussi.

Aussi, malgré la gravité du péril et de tous les périls à la fois, nous entendons plaisanter encore agréablement des ruraux regrettant de ne plus pouvoir jouer la comédie de *Seigneurs de village !* ou bien des *Mérovingiens*. Est-ce assez drôle et spirituel les *Mérovingiens !* en face des agissements de l'Internationale, des communards, des assassins, pillards et pétroleux. Les Mérovingiens commencèrent la France et les jacobins de toutes nuances la finiront, voilà les deux extrémités, et cela aussi bien par bêtise aveugle, que par scélératesse coupable. Nous lisons et entendons tous les jours que la *Réaction* lève la tête, que les monarchistes ont l'infamie de préférer la *Monarchie traditionnelle, représentative* et *paternelle* à la sainte république. Mais les opinions ne sont donc pas libres ; en fait de liberté, la première devrait être pourtant d'appliquer le bon sens aux tristesses de l'expérience coûteuse de *l'essai loyal* et ruineux. Le continuerons-nous jusqu'à ce que mort s'ensuive ?

Le parti prêtre, la *terreur noire*, succédant à la terreur blanche, conspire *infandum !* pour rétablir le crucifix et les *ignorantins* si bien menés par Mottu. De là, aux *droits du seigneur*, il n'y a qu'un pas et horreur, le comte de Chambord pour en finir une bonne fois avec l'état social nouveau, abrutir les populations, écraser la liberté de conscience, veut s'il rentrait, et on ne le sait que trop, installer dans chaque commune *deux curés au lieu d'un*, mettre les jésuites partout ; et c'est pour le coup que le peuple serait rattelé à la charrue. Alors les gendarmes recommenceront les *dragonnades,* il faudra choisir entre la messe obligatoire, le billet de confession, les misionnaires ou la déportation pure et simple et les oubliettes. Si la **République** est perdue (elle ne bat trop que d'une aile tant la confiance et les affaires reprennent), c'en est fait, nous sommes par le drapeau blanc rivés à tout jamais *aux priviléges !*...

Quiconque, sans être un aigle analysera froidement, équitablement la situation plus que triste, sera forcé de reconnaître, d'avouer que depuis la renonciation VOLONTAIRE et nullement forcée alors, par la noblesse elle-même, de ses priviléges dans un but d'unité, d'équité et d'union pour édifier un édifice nouveau ; en fait de priviléges, il n'existe plus qu'une bien coupable catégorie de privilégiés : les républicains.

Ils ne peuvent nier qu'incorrigibles, impardonnables dans leur endurcissement, tournant au fanatisme pour leur sanglante idole, ils ont eu *trois fois déjà* la triste et monstrueuse prérogative néfaste d'ensanglanter, de ruiner, de désoler notre infortuné pays qui les laisse faire tranquillement leur boniment égoïste et détestable, mais qui décapité, découragé, dévoyé les maudit au fond du cœur ; on dirait un fléau périodique dont il faut prendre son parti comme du choléra qu'on ne peut empêcher lorsque Dieu nous l'inflige.

Sinistres rêveurs ! ils ont eu l'épouvantable *privilége,* à trois reprises éloignées, de venir allumer toutes les fureurs insensées, toutes les plus abominables convoitises, de démuseler le monstre hideux qui les dévore eux-mêmes.

Dornès en 48, Clément Thomas, Chaudey et tant d'autres périrent juste par où ils avaient péchés, tout comme leurs pères de la Convention s'entr'égorgèrent mutuellement, et cet épouvantable exemple ne leur ouvrira jamais les yeux sur leur folie ruineuse, incendiaire ? Mais, en vérité, ces gens-là sont insensés, des fous furieux plus que dangereux, et ils viennent nous parler, et ils osent encore prononcer le nom de priviléges ! Plus fous qu'eux nous les laissons faire.

Au moyen âge où l'on avait plus de bon sens (ne fut-ce que de croire en Dieu), lorsque *la lèpre* se déclara, la société menacée (bien moins qu'aujourd'hui pourtant), la société dans son instinct de préservation fut implacable et séquestra tous les lépreux : princes, nobles ou vilains, sans miséricorde. Aussi le dernier lépreux s'éteignit loin des humains qui, par cette énergique mesure, surent alors éviter la contagion et se sauvèrent!..... Et nous?

Mon pauvre pays marchant jadis en tête des nations, te voilà donc pour prix de tes aberrations réformatrices rapetissé, humilié, vaincu, démembré et ce qui est pire, *divisé* à jamais peut-être par les sophismes menteurs et trompeurs de tes Pharisiens et de tes rhéteurs coupables, mais bien par ta faute en tous cas, et ta faute volontairement réfléchie et consentie, toi qui répudie ton histoire, tue tes rois, assassine tes pontifes et tes prêtres, chasse tes princes, toi voulant chasser, renier, jusqu'au Dieu de tes pères qui te flagelle cruellement pour te punir. Médite et retiens cet axiome irréfutable : il n'y eut jamais *d'effets sans cause !* et un peuple n'a jamais, par cette raison, *un sort autre que celui qu'il mérite!...* Voilà la seule base de notre possible réorganisation : connaître exactement le précipice où nous sommes tombés et qui nous y précipite? Ah! le temps du chauvinisme idiot, des flagorneries burlesques est passé; il faut entendre toute la vérité, avoir le courage de te la dire. Les poètes à la *Belmontet* n'ont plus à rimailler des cantates banales avec *gloire* et *victoire, guerriers* et *lauriers? la colonne* est déboulonnée ! il ne s'agit plus de crier : à Berlin! mais bien, grâce à notre fallacieuse incurie, à nos fautes sans excuses, de payer à Berlin *trois milliards* encore ! dont le terrible Bismarck (inclinons-nous devant sa principauté) n'entend pas nous faire grâce d'un thaler, l'ingrat.

Si la France de 1830 était assez riche pour payer sa gloire (il est vrai qu'elle fut *mince*), la République du 4 septembre, très pauvre en grands hommes pour la populariser (mais au contraire), comptant peu d'amis, encore moins *d'alliés*, tâtonne, cherche en vain tous les impôts nouveaux possibles et compatibles avec la dureté des temps, sans pouvoir encore, malgré cette dure et coûteuse extrémité, boucler un budget écrasant. A plus forte raison, comment libérer le territoire envahi et pour cela désintéresser et payer les Prussiens inexorables et sans entrailles? Pauvre république, tu auras bien à faire, en troisième noce, pour sauver la situation par ton crédit, tes garanties, et puisses-tu nous tirer d'un si mauvais pas. Mais la *vie à bon marché* si souvent annoncée et promise, est-elle loin encore !... J'en appelle au bon sens, à l'évidence ; ces désastres inouïs, inconnus, sans exemple depuis le Pharaon anéanti, englouti par les flots bleus de la mer Rouge, eussent-ils étonnés, épouvantés le monde en nous faisant retomber de si haut!... sans la *révolution,* le plus épouvantable des fléaux destructeurs, de beaucoup, certes ! le *meilleur allié* des Prussiens, n'en déplaise à Bismarck, de Moltke et compagnie lesquels ne se gênent pas du reste pour en convenir et s'en réjouir.

Si nous fussions restés sages à progresser lentement, *monarchiquement,* modérément, au lieu de nous entre-déchirer par de périodiques bouleversements, en serions-nous où nous sommes ? Si le *roi de France* et les princes de sa maison eussent été fièrement à leur place, c'est-à-dire à notre tête, Guillaume ne serait pas empereur. Au lieu de cela, nous sommes-nous assez prosternés et volontairement livrés pieds et poings liés devant les *Corses,* et même par assez d'intelligents *plébiscites ?*... le tout à la plus grande gloire des *principes modernes,* au nom de la *liberté,* mais comme protestation et surtout en haine, je le répète encore et reconnaissons-le, oui en haine uniquement des *Bourbons,* des *nobles* et de la *prêtraille ?* Et dire après l'expérience de quatre-vingts ans et les revers qui en résultent dire que rien ne peut nous guérir, car nous ne sommes pas encore dégrisés, guéris du bonarpartisme, des aventures, des empiriques et des Bonapartes, toujours en haine des Bourbons et du droit divin. C'est à ne pas croire à tant d'aveuglement tournant au fanatisme, au fétichisme, à l'idiotisme.

Cependant il est juste de constater que l'Empire impardonnable aurait pour excuses de ses corruptions, de ses prodigalités ruineuses de son aveuglement inepte les exploits tout aussi coupables, tout aussi néfastes des Républicains hélas! si sûrs d'eux, de leur capacité universelle et ayant *escamoté* le pouvoir uniquement pour être nos sauveurs bien *désintéressés* certes! Quelle outrecuidance et quels *sauveurs* que ceux du 4 septembre. O *tempora ! ô* Mirès !

Fut-elle assez outrecuidante dans son incapacité et son impuissance la trilogie lamentable Gambetta, Crémieux, Glais-Bizoin, contresignée Fourrichon. Fut-elle assez impardonnable avec ses trompeuses proclamations dérisoires, sa victoire de Lonjumeau! et ses coupables et inutiles, disons même, *inhumaines levées en masse* d'une population courageusement, tristement, froidement résignée à une mort inutile, à toutes les tortures des misères et du froid, tombant avec les armes que vous savez, mais tout en jugeant à sa valeur ce triste gouvernement de la *défaite nationale* qui s'était imposé comme notre salut. Toujours à nos pères de 92 (vieille rengaine), aux braves volontaires en sabots, refoulants et les rois et la monarchie conjurés contre la République des (républicains), avaient-ils rien oublié ou rien appris, tous ces gens-là? Rien!

Cette troisième République, montrant sur ses tréteaux les restes ramollis de 1848, nous coûta-t-elle, en prolongeant et aggravant si tristement, si douloureusement nos défaites lamentables, nous valut-elle aussi de nouveaux désastres, de nouveaux milliards? Mais par malheur elle coûta aussi des flots de sang généreux inutilement versé par les ordres coupables, illégaux, insensés d'un avocat obscur se croyant infaillible de par la démocratie, et ne doutant de rien, se croyant toutes les lumières avec *la science infuse,* lui *borgne dictateur!* Il faut la République, en vérité, pour voir de pareilles monstruosités possibles. Ah! sans doute que dans la meilleure des républiques, celle des aveugles où l'on pêche en eau trouble (témoins les marchés scandaleux), les Borgnes sont dictateurs, plus que rois, autrement dit *souverains absolus,* nos maîtres se moquant de tout et de tous. Bon métier tentant et séduisant, puisqu'on les laisse devenir les souverains maîtres de tout faire et de nos destinées, sans leur demander même les comptes sévères de leur ruineuse dictature lorsque la toile tombe enfin sur leur sanglante tragédie burlesque, *folie furieuse* et coûteuse.

Vraiment quel dommage que cette bonne République si vantée, prônée, attendue si longtemps (c'était bien la peine) par ses fervents adorateurs (que rien ne désillusionne et ne saurait attiédir) ; étant indiscutable, au-dessus de tout, du bon sens, bien entendu, même du suffrage universel lui-même, et ainsi *de droit divin* (dont on a pourtant si bien ricané) ; quel malheur, dis-je, que cette panacée universelle, en un mot, nous ait, par un cercle vicieux et infernal fatalement ramenés aux *horreurs,* aux *infamies,* aux *crimes hideux* de la Commune, fille de 93, tout comme avait enfanté déjà la première République, les mêmes horreurs de la Convention ! C'était inévitable, exemple inutile et rien n'y fera , ils recommenceront.

Mais alors que nous faut-il donc encore endurer pour guérir ? On disait en 48 que la République était la préface obligée du socialisme. Actuellement nous le voyons trop : la République *est le faux-nez,* le masque, l'avant-coureur préparateur de la Commune, de l'Internationale, voulant carrément avec ses barbares et cyniques aspirations brutales nous ramener purement, simplement *à la vie sauvage* et nous y arriverons.

Ce ne sont pas les peines éditées par une loi répressive qui peuvent nous sauver, ni nous rassurer contre ce nouveau cratère démagogique en éruption. Il faudrait une *disposition générale* et universellement réprobatrice des esprits pour faire rentrer dans leurs bouges des scélérats qu'on devrait *traquer* sous une réprobation *universelle* comme des bêtes fauves. Au lieu de cela M. Thiers et ses amis n'ont voulu réclamer l'*extradition* seulement que pour un viveur, l'ex-préfet de l'Eure, l'amnistié de Rouen ! et favorisant même (disent les mauvaises langues) la fuite de plus d'un coupable. Triste, douloureux signe des temps que ce triste procès et cette amnistie ; *décadence !*.....

III

Rien de nouveau sous le soleil, ni rien de de neuf dans ces quelques généralités banales, qu'au fond tout le monde ne sait que trop, mais dont pourtant bien peu veulent convenir, parce que plus ou moins le bât les blesse, tous ceux qui n'ont pas le courage d'avouer leurs ambitions, leurs erreurs, leur égoïsme, de faire leur *mea culpa*. En effet, tant de gens sont coupables ou se trompèrent ! Combien profitent encore, peu ou prou, des calamités publiques depuis 93 au 18 mars, en passant par 1830, 1848, l'Empire et le 4 septembre ? Ce qui fait le malheur des uns fait le bonheur des autres, et si les révolutions coûtent cher, elles profitèrent, non pas aux masses, mais à bien du monde. Nous autres pauvres dindons, avons toujours payé niaisement les pots cassés sans partager, ramasser les morceaux (qui en sont bon paraît-il), les bénéfices clairs et nets pour tant de *Robert-Macaires !* Sommes-nous en droit de trouver enfin que prêts à sombrer il est temps de voir clair dans nos tristes affaires et de dire au peuple souverain, le grand coupable, *ses vérités,* quelque dures qu'elles puissent lui paraître, lorsque contrairement tant d'autres le flagornent lâchement et le trompent bassement pour chauffer *l'élection,* bien sûrs d'être toujours ses élus privilégiés en le bernant sans pudeur.

Pour payer nos vainqueurs, chaque jour on propose des plans superbes. Malheureusement, pas un seul jusqu'ici ne semble applicable. Sans même étudier les causes de notre malheur présent, notre légèreté proverbiale nous empêche d'en comprendre la portée, d'en sonder toute l'étendue. « Bah !

» la France est riche, elle payera toujours n'importe comment, » disent les gens superficiels, et ils n'en vont pas moins s'amuser. « Les Prussiens, on les payera à coups de fusil ! » disent les *Chauvins,* dont la race n'est point encore éteinte. Le prince chancelier, qui lui, ne s'endort pas, et qui entend être payé, voulant surtout nous ruiner, adore ces rodomontades. Elles lui fourniront peut-être l'occasion prochaine de nous *partager* une bonne fois, pour en finir de nous, son plus ardent désir et toute ma crainte.

Les mois se passent, l'échéance redoutable s'avance menaçante, se rapproche, et comment y faire face ? Gambetta et sa bande calomnient, injurient en attendant avec fureur l'Assemblée, demandent sa dissolution (et nous serions frais), traitant les membres de la droite *d'assassins, de faussaires, de capitulards,* et autres aménités démocratiques, eux les *outranciers si braves;* eux qui voulaient la ruine complète et la guerre continuée jusqu'à l'*extinction du dernier des réactionnaires.* Or, ceci, à leur point de vue, ne manquait pas d'intelligence, on s'obstine aussi à leur répondre : mais vous autres qui maintenant rugissez, où étiez-vous alors, et où sont vos morts ; quels sont vos héros, vos courageux martyrs ?

Ils ne s'inquiètent pas de la réponse. . . . impossible, mais uniquement *de l'électeur* pour lequel ils hurlent encore plus fort, aboient et rugissent. L'électeur satisfait, en attendant que la propriété soit *universalisée,* ne leur en demande pas davantage, et les renommera avec d'autant plus de rage. Pourtant ces rugissements ignobles, ces aboiements farouches ne font pas *trouver les milliards* demandés, tout au contraire. Ceci nous prouve la fausseté de l'axiome : de la discussion jaillit la lumière, et montre que dans le péril suprème, au moment d'un naufrage, la voix seule du commandant peut en imposer par son énergie, sa fermeté, et sauver le navire en détresse, bien loin que la foule en désordre, ahurie au milieu de la tempête puisse éperdue, incohérente, conjurer la catastrophe, sans ordres ni chefs pour les faire exécuter. C'est dans ces cruelles éventualités où la République, vrai fléau de Dieu, montre ce qu'elle sera toujours en réalité : la confusion, le désordre incarné, la tour de Babel où personne ne peut s'entendre, si ce n'est pour déchirer les voiles, piller la cargaison (c'est le fond de la question), renverser la mâture, s'arracher le gouvernail en le brisant. La France monarchique ne fut jamais tombée si bas. La France du *drapeau blanc,* je le dis bien haut, celle d'Henri IV et de Louis XIV, n'eût jamais connu de si tristes jours, mais le cas échéant, elle eût alors trouvé pour se relever d'autres hommes que la *gauche écarlate,* d'autres convulsifs efforts suprêmes que les vaines, les puériles déclamations, les insultes grossières des tribuns en délire du mandat impératif plus qu'*ordinaires !*

Lorsque tous unis, sans nous déchirer et nous pétroler, nous avions une brillante, une vaillante noblesse, juste récompense de services rendus et boulevard de l'État, elle se fût levée héroïque et comme un seul homme (ses débris l'ont bien prouvé encore) ; elle eût, donnant l'exemple du patriotisme, été *se faire tuer* bravement avec son roi et ses princes pour sauver le pays dont elle fut pendant des siècles l'âme, la force, l'honneur et la gloire, n'en déplaise à tous les Martins, et *tutti quanti.* Et si son sang intrépidement versé n'eût pas suffi, alors le peu qui serait resté des blessés, les vieillards, les infirmes, les femmes et les enfants eût fait porter à la Monnaie, comme jadis, joyaux, argenterie, trésors de famille, tout ce que la loi absurde, désastreuse et destructive *du partage égal* (un progrès !) volatilise et disperse, sous le marteau iconoclaste du commissaire-priseur à chaque succession rapetissée, à chaque génération diminuée, sans cesse appauvrie, comme se racornissait peu à peu la *peau de chagrin* de Balzac. Oh ! la démocratie ignare et envieuse ne sauvera rien, mais détruira tout. C'est dans un épouvantable désastre, semblable au nôtre, qu'une noblesse sachant que *noblesse oblige,* loin de rester égoïstement étrangère aux charges publiques, ce qui est faux, ce qui n'exista jamais, tout au contraire, eût noblement donné, par une généreuse initiative, la preuve de tous les sacrifices à la *chose publique,* ne pas confondre avec la *République* de ces messieurs que vous savez; eux, pas sots, ne lui donnent rien, mais au contraire *en vivent,* et bien agréablement, jusqu'au jour de la prochaine émeute où brisant ses idoles leur peuple peut-être les écrasera-t-il en criant à la *trahison,* ce qui s'est déjà vu.

La noblesse, qui avait du bon, il faut en convenir, (quelque dur que soit l'aveu), eût entraîné, électrisé le pays par son exemple à se saigner à blanc par un subside énorme, en rapport avec les calamités, et son patiotisme, sa vaillance et l'honneur, l'éclat sans tache de ses blasons glorieux ! messieurs les démocrates qui ne jurez que par votre *triangle.* La Bourgeoisie également méritante et marchant sur ses traces alors pour la raviver, la renouveler successivement et venir tout simplement renforcer ses phalanges éclaircies, boucher, réparer, combler les vides et les larges trouées sanglantes faites à chaque combat par le fer de l'ennemi, la Bourgeoisie sage et honnête, et qui n'aspirait qu'à la venir à son tour *recruter,* à mériter *l'assimilation* comme une illustration et une récompense, loin de haïr et de jalouser comme depuis les immortels principes (devant tout régénérer), eût avec le même enthousiasme voté les mêmes subsides. Le peuple, avant d'être possédé, gangrené par le démon de l'envie, éclairé par les tartines perfides, trompeuses, menteuses, *Havinées,* etc., eût avec élan imité à son tour cet élan généreux. Si bien que dans cette hypothèse d'UNION patriotique, en admettant même (chose impossible), que momentanément vainqueur, un ennemi eût osé la braver, cette union, cette *fusion,* si éloignée de la désolante réalité, osé *juguler* un peuple, l'écraser abusant de la force par une contribution de guerre exagérée, impolitique, CRIANT VENGEANCE ! ce peuple, s'il n'était pas divisé, affolé, aurait momentanément courbé la tête dans cette suprême humiliation, et n'eût voulu la relever fièrement que lorsque, par tous les moyens en son pouvoir, sa cruelle et impolitique rançon eût été crachée à la face de son bourreau.

Actuellement, le spirituel et fastidieux *progrès,* dont on nous a tant et si longtemps, si bêtement rompu les oreilles a tout changé, tout rapetissé embourgeoisé égoïstement, démocratiquement. Sauf quelques individualités, clairsemées, toujours généreuses mais fourvoyées, égarées à notre époque si complétement amincie sous le laminoir égalitaire, qu'il n'y a plus de grandes figures, tout comme il n'y a plus de grandes existences, mais plus que jamais de *grands bavards* et de grands trompeurs : maintenant quel est le niveau du patriotisme? L'Espagne en révolution est tombée bien bas par le fait seul de la révolution et non pas du catholicisme ni des Bourbons; mais le grand Napoléon en fut chassé, y laissa trois cent mille cadavres de nos malheureux soldats dans une *guerre injuste,* et les Allemands n'en sont pas là. Si avec une population plus que triple nous avions eu, au lieu de la haine du jésuite, la haine implacable de l'étranger, et la moitié seulement du patriotisme inflexible, héroïque des Espagnols, ah! malgré toute la stratégie savante des Moltke, la férocité des Werder, la rage de Frédéric-Charles, de Fritz, des Mecklembourg et autres sanguinaires héros prussiens; malgré leur artillerie formidable et même leurs *espions,* si nous n'étions tristement *régénérés* ou dégénérés! PAS UN SEUL GERMAIN n'eût emporté nos pendules et *repassé* le Rhin devenu français ! A cette navrante vérité incontestable, je défie *tous les avocats républicains* de trouver une réplique. L'individualisme généreux, enfantant au besoin de grandes choses, des prodiges, est radicalement tué par l'égoïsme, inévitable résultat de la *société moderne,* avide de jouissances et d'égalité, mais ne voulant que le monopole exclusif de l'État centralisé, despotique au fond, le gouvernement étroit, routinier, bureaucratique, tracassier et touche-àtout, dont *tout* doit dépendre, auquel il faut s'adresser en tout et toujours. Il faut donc tout lui demander aux moments critiques et le laisser faire. A lui de nous sauver, de payer, sauf à nous de le démolir de temps à autre, et Dieu sait si l'on s'en gêne parfois? Comme il est responsable de notre salut qu'il assume, il ne peut actuellement que proposer, essayer des impôts vexatoires sur tout, car il faut de l'argent ; mais l'impôt des allumettes chimiques, malheureusement, ne peut suffire à éteindre ces damnés milliards, le désolant problème à résoudre et sous peine de vie ou de mort, ne l'oublions pas.

Chaque industrie tremble égoïstement dans son usine et crie haro ! contre l'impôt des matières premières, textiles, etc., laissant les fils de Brutus (n'ayant rien à perdre) vociférer pour écraser les *ruraux* maudits, sous l'*impôt du revenu, progressif,* etc., tout ce qu'on voudra d'impolitique ou d'absurde, pourvu que la *terre,* écrasée déjà, le soit un peu plus encore. Heureusement pour elle que malgré ces généreux efforts, la chose est impossible. Dans ces discussions personnelles où chacun prétend patriotiquement que c'est le *voisin* qui doit être imposé, toujours haineux, violents, les démocrates prouvèrent une fois de plus et plus que jamais leur désolante ignorance crasse, leur nullité inconcevable, universelle, fabuleuse, incompréhensible. C'est véritablement à ne pas y croire, mais en vérité pas un n'a pu traiter passablement la plus simple, la moindre des questions économiques, lorsqu'il fallait autre chose que des lieux communs, et sortir des grossièretés, des calomnies, du venin ou des rugissements d'usage. Qu'a toujours prétendu la majorité calme et juste : équitablement répartir, autant que possible, les charges écrasantes des calamités présentes, dont elle n'a point l'endos, elle. Le compte rendu analytique, la sténographie de l'*Officiel,* nous reproduisirent bien des discours, mais pas une idée nouvelle, pratique, applicable de ces *sauveurs, vengeurs, défenseurs, protecteurs* du peuple, mais peu travailleurs, dont nous attendions cependant des merveilles économiques ; c'était le cas pour payer, réparer leurs sottises. Des surtaxes de pavillon terre à terre au mandat *contractuel ;* des réalités du *drawback* aux subtilités amphigouriques du citoyen un tel ! ou aux épileptiques

fureurs chroniques de tels ou tels braves et si drôlatiquement
rageurs, on ne trouve pas la cause, la raison d'être de la popu-
larité quand même, de gens si complétement nuls, si notoirement
incapables, et que sérieusement on est surpris de trouver inutiles au sein d'une Assemblée législative en des temps si graves.

IV

Nous constatons finalement donc au triste et dur quart
d'heure de Rabelais, un peu beaucoup son ouvrage (car les
milliards sont exactement après tout *la carte à payer* que nous
valent nos révolutions), que la démocratie est aussi stérile en
grands hommes, en grands caractères (ne parlons même plus
de Garibaldi), qu'en grandes idées, mais pas malheureusement
en cataclysmes qu'elle ne cessera d'enfanter. Le premier anneau
de l'engrenage de cette chaîne fatale et sans fin, à laquelle
semble pour ses péchés rivée la malheureuse France traînant
le boulet révolutionnaire, commence au *libéralisme* sentimental. On passe de là par divers tâtonnements transitoires aux
doctrinaires, école pharisienne surannée, également impuissante, dont le scepticisme orgueilleux et pédant conduit par
la négation des principes, et le juste milieu, la meilleure des
républiques (jugez des autres), aux diverses nuances du rose
et forcément, inévitablement, du *rouge* sanglant le plus cramoisi.
Pour le moment, c'est le communard pétrolant et non moins
sanglant qui termine la série désastreuse ; mais s'il ne peut être
surpassé en forfaits, en horrible férocité (relire les conseils de
guerre), il mène immanquablement à un quelque Chose d'inconnu si épouvantable que seul *l'antéchrist* doit en résulter
finalement, logiquement. On a beaucoup ri des réunions po-
pulaires et soi-disant inoffensives des *Bellevillois*, préludant pu-

bliquement aux atrocités communardes, comme le prouve l'écrasant rapport en trois gros volumes de M. Delpit.

Le temps presse, et je renonce, comme j'en avais le projet, à aligner ici la série grotesque des projets financiers plus ou moins fantastiques, soigneusement recueillis et coupés dans les journaux, classés par ordre d'éclosions. Seul, celui de M. de Soubeyran présentait des avantages, mais *soixante* annuités à notre époque de galvanisme où tout se fait à la vapeur, effare nos théories financières. Bref, je n'en trouve que deux à discuter, l'un dur, grand, honnête, mais *moral* et ainsi, par cela même, trop au-dessus (j'en ai peur et ne suis pas seul) de notre état de progrès intellectuel et patriotique, pour qu'il puisse être mis en pratique. Il est simple : tous concourir également, volontairement, en conscience, suivant nos forces respectives, à nous imposer les plus pénibles sacrifices pour sauver la patrie, la pauvre mère commune *navrée au cœur,* comme je le dis au début de ces pages tristes et probablement fort inutiles.

Si nous étions encore un grand peuple, d'un commun accord nous dirions tous devant Dieu : Que faut-il et que puis-je faire ? Il ne suffit pas d'un léger sacrifice, mais de se sacrifier des années.

Trente millions de souscriptions de *cent francs* seulement nous délivreraient des Prussiens du dehors ! mais *ceux du dedans,* par l'inquiétude bien plus grande et l'effroi qu'ils inspirent, rendent impossible la reprise des affaires, de la confiance, de la paix véritable, car la *gredinerie,* elle, ne désarmera jamais. Donner volontairement pour nous racheter le quart de tous nos revenus serait un remède héroïque, mais inapplicable en un temps de détresse publique comme le nôtre, et en république surtout. Cependant le *dixième ?* la dîme volontaire ! *la dîme prussienne,* enfin ! la dîme dont on a tant usé et abusé pour monter, *crétiniser* les simples, elle est possible, elle nous sauverait honnêtement, noblement et fièrement. Le travail, les dures privations, un recueillement général, voilà les grands moyens honorables, moraux, dignes de *régénérer* dans l'acception légitime du mot propre un peuple qui a trop longtemps fait fausse route. Mais sommes-nous encore capables de le reconnaître ? Espérons-le, et Dieu le veuille.

Les femmes de France, courageuses, belles et nobles créatures, ont eu la pensée grande de nous demander par leur douce influence salutaire, la rançon de leur pays ! Il n'est plus chevaleresque, mais trop vulgairement devenu prosaïquement positif. L'agent de change, l'industriel et le boursicottier, trop souvent le banqueroutier ou l'usurier ont le pas sur les paladins que l'on traite de don Quichottes. Tous ces gens-là ont notablement déteint sur notre époque, l'âge du papier... monnaie, bien crasseux (aussi un progrès !), remplaçant les espèces sonnantes à l'effigie de la tyrannie monarchique. Le gouvernement qui connait bien le thermomètre patriotique, fit sagement peut-être de rester neutre tout en faisant des vœux ardents pour que, par miracle, l'antique galanterie fasse encore un prodige et capitalise la douce persuasion des beaux yeux et des blanches mains.

On a cru au succès un instant, et bien des fortunes amoindries, cruellement atteintes par les fléaux réunis qui nous incombent, n'hésitèrent pas, malgré les tristesses présentes et surtout les angoisses poignantes de l'avenir incertain à donner, à sacrifier l'épargne, le pain du lendemain peut-être. Dieu qui seul lit au fond des cœurs, seul a pu sonder bien des mérites et récompensera, sans doute, espérons-le, ces dévouements obscurs : le denier de la veuve et de l'orphelin. Mais, en mettant tout au mieux, on paraît devoir limiter l'influence salutaire et libératrice de la plus belle moitié du genre humain à l'à-compte modeste de *cinq cents millions* seulement, et encore ! En admettant toutefois qu'on touche même ce sixième seulement de notre salut il resterait encore *deux milliards et demi,* où les trouver ? Où les prendre ? Et si l'on n'y arrive pas ?

L'emprunt est le seul mode apparent, mais à quelles conditions ? Là est la question. La France a été riche, mais quelle dette écrasante ! sans même penser assurer d'ici à longtemps de probable et possible *amortissement libérateur,* puisque toutes nos ressources financières suffiront à peine pour combler, solder les intérêts énormes de la dette écrasante à léguer à nos neveux. Ils seront infailliblement ruinés d'avance s'ils continuent pour leur malheur, comme nous, *à progresser* dans la voie ruineuse des révolutions dont l'abîme n'est pas fermé.

Si, par malheur, si pour notre honte et comme pour caractériser alors notre abaissement irrévocable, la *dîme prussienne* durant autant qu'il le faudrait pour gorger d'or ou de traites la rapacité insatiable des Prussiens n'est pas admissible ; alors le progrès est définitivement jugé. Reste encore un deuxième palliatif bien moins honorable dans notre pauvreté, notre détresse présente, bien moins moral celui-là, mais, hélas ! par cela même infiniment plus en rapport avec nos mœurs nouvelles, notre diagnostic intellectuel et social : la *loterie de quatre milliards.* Une compagnie anglaise la propose ! Acceptons ou faisons-la nous-mêmes pour être plus sûrs qu'elle sera efficace. Puisque notre sort dépend de sa réussite, espérons que nous saurions la mener à bien. Les plus courtes folies étant les meilleures, si, repoussant la *dîme prussienne,* ayons au moins le courage de notre manque de fierté dans le malheur.

Elle nous apporterait, c'est clair, le numéraire de l'univers entier par l'appât d'un lot monstre de CENT MILLIONS, et d'une infinité d'autres qui tenteraient tous les souverains du monde et Sa Majesté l'empereur et roi Guillaume premier le premier. Cent millions, cinquante millions, quarante, trente, vingt, dix même à gagner pour *cinq louis,* c'est tentant.

La dîme patiente draînerait, c'est sûr, jusqu'à la monnaie de billon, et le *travail de la pénitence* semblerait bien dur, avec son pain noir, aux *jouisseurs* comme le préfet Janvier (soi disant) de la Motte. La loterie ferait bientôt prime, car elle est plus dans nos instincts prodigues de joueurs pressés que la privation. Elle se placerait rapidement à l'étranger, en Amérique d'abord, où le dollar est tout; en Chine même, où la moralité est douteuse et l'attrait du lucre bien puissant. Si les gouvernements voulaient seulement bien s'opposer par bonheur à la prise des billets (comme une tentation immorale), le mérite du *fruit défendu* doublerait rapidement nos chances, et la main de fer du Bismarck, stupéfait de ce coup imprévu, serait impuissante à prohiber jusque dans sa bonne landwehr le placement frénétique d'une large part des *quatre millions de tickets* à cent francs, pour aller plus vite, sauf aux preneurs à se réunir pour s'en partager un, au prorata de leur mise.

Grâce à ceux que le général Trochu appelait justement, carrément des *gredins,* mais qu'il eût mieux fait de fusiller ! nous sommes bien éloignés de l'heure où la vengeance, les armes à la main, sera possible sur les champs de bataille, vengeance terrible, si elle doit jamais sonner cette heure, épée de Damoclès.

Mais soutirer (et quel bon tour) les *thalers* des hulans euxmêmes et leur faire payer ainsi, *en attendant mieux,* jusqu'à leurs propres exactions cruelles, sans exemple dans les fastes des victoires insolentes, voilà jusqu'à nouvel ordre ce que j'appellerais la *première manche* de la REVANCHE FRANÇAISE, financièrement parlant déjà, et qui ne serait déjà pas si bête. M. Thiers, très-fort en expédients, n'a qu'à mieux trouver. On a tort de parler pudeur et moralité à propos de loterie infiltrée, en usage, passée depuis beau temps dans nos mœurs frivoles par les *tirages* et remboursements de primes, d'obligations, etc. De toutes parts, on réclame le rétablissement des *jeux publics,* auxquels il faudra bien revenir, ne fût-ce que pour empêcher la concurrence d'outre-Rhin, ruiner Bade et Hombourg ; car après les exploits germaniques, il ne devrait plus exister de paix ni trêve quelconque pour en conserver la sanglante, la douloureuse mémoire, et par tous les moyens possibles en prouver notre éternelle gratitude à nos maladroits égorgeurs. Forcément on rétablira les jeux, non pas à Paris, mais dans les lieux de plaisirs, les villes d'eaux. Pourquoi alors reculer (une fois n'est pas coutume d'ailleurs) devant une *loterie internationale,* indispensable pour nous tirer d'affaire, tirer cette pauvre France des griffes, des serres cruelles qui l'étrangleront si elle ne peut les payer *au jour dit,* et suffisamment éloigné encore pour que cette loterie aboutisse à souhait. Nos voisins, nos anciens alliés, qui donnèrent seulement de bonnes paroles (monnaie de singe), quand M. Thiers leur demandait mieux, peuvent bien, comme gouvernement, prohiber la loterie française pour l'activer. Les simples particuliers qui vinrent tant s'amuser chez nous pourraient bien individuellement, tout en tentant la fortune (comme jamais d'ailleurs ils n'en retrouveraient l'occasion), nous aider à faire honneur à notre signature, quoique ce moyen ne soit pas le plus désirable. Mais nécessité n'a pas de loi, et c'est ici qu'on pourrait employer la morale élastique : la fin justifie les moyens. Les gens blasés, ayant le spleen, peuvent se dire : que si comme la malheureuse Pologne, la France infortunée doit être écartelée à son tour, Paris ne sera plus un lieu de plaisance, où ils s'ennuieraient autant qu'à Berlin. Qu'ils prennent donc des billets.

Je me résume en finissant, et j'offre *devant Dieu et les hommes,* pour racheter mon cher pays, le *dixième* de toute somme que je toucherai, tant que le dernier franc ne sera pas compté dans la triste balance du *vœ victis.* Si cette mesure est absolue, générale, nous sortirons épurés par l'amour de la patrie, car Dieu nous tiendra compte par ce sentiment honorable, une vertu ! de nos durs sacrifices, et nous aidera à nous sauver. Mais si quelques natures d'élite seules se privent de tout, tandis qu'à ma porte je verrai *l'usurier, l'aigrefin,* ne pas se gêner, entasser comme avant et plaisanter de mon donquichottisme, ce n'est pas la peine. Attendons la fin du monde, le *finis Galliæ* du moins, et alors, prenez mon ours, c'est-à-dire battez la grosse caisse et lancez la loterie.

On sait l'anecdote de cet homme courageux, et qui, lorsque Fontana s'épuisant en combinaisons savantes, mais impuissantes, à dresser l'obélisque de la place Saint-Pierre de Rome, en 1586, s'écria : Mouillez les cordes et qu'on me pende. On suivit son conseil et le monolithe se dressa sur sa base. Humble citoyen, je viens aussi dire aux hommes de mon temps : oublions nos haines, nos jalousies, nos discordes; unissons-nous tous sincèrement, au lieu de nous détester, de nous jalouser; sauvons par *l'union* le plus beau pays du monde prêt à finir. Et si bravant l'impopularité, j'ai le courage civil de dévoiler brutalement nos travers, de signaler le retour (impopulaire hélas!) à Dieu, à la monarchie sage et non despotique, certes! comme l'unique ancre d'espoir et de salut ; au moins je croirai dans mon obscurité et ma faiblesse avoir fait mon devoir, acte de bon citoyen. Moi aussi je viens m'écrier : Mouillez la corde, et qu'on me pende !

Paris. — Typ. Balitout, Questroy et Cᵉ, 7, rue Baillif.